Impressum
Verlag: BABADADA GmbH, Nedderfeld 112 , 22529 Hamburg
Geschäftsführer / Verlagsleitung: Harald Hof
Druck: Books on Demand GmbH, In de Tarpen 42, 22848 Norderstedt

Imprint
Publisher: BABADADA GmbH, Nedderfeld 112 , 22529 Hamburg, Germany
Managing Director / Publishing direction: Harald Hof
Print: Books on Demand GmbH, In de Tarpen 42, 22848 Norderstedt, Germany

школа

학교

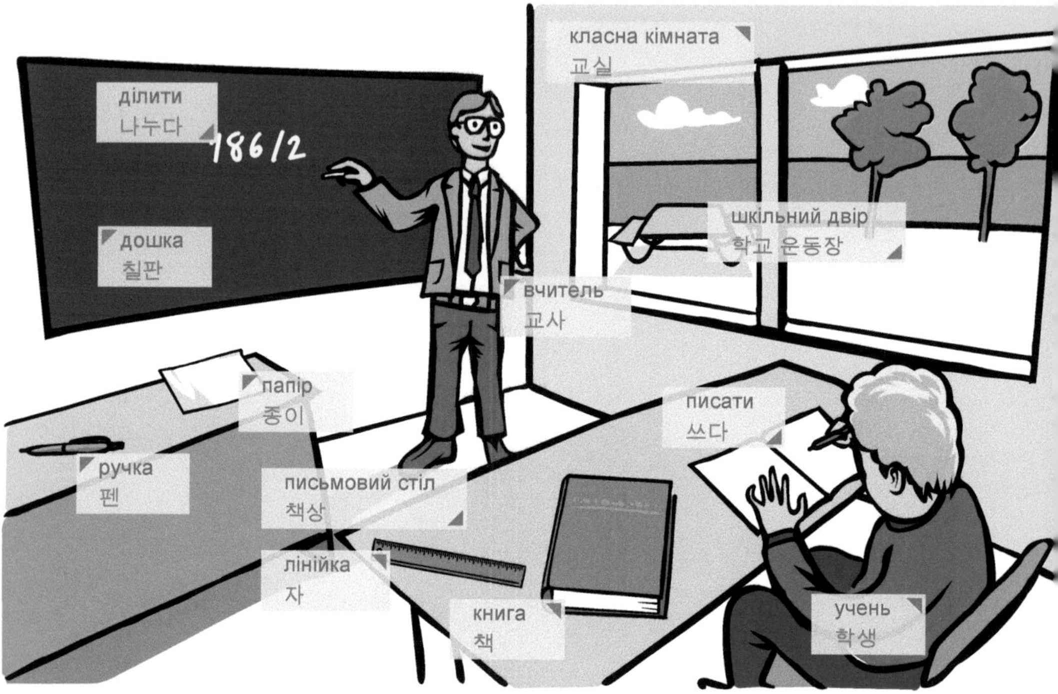

класна кімната
교실
ділити
나누다
186/2
дошка
칠판
шкільний двір
학교 운동장
вчитель
교사
папір
종이
писати
쓰다
ручка
펜
письмовий стіл
책상
лінійка
자
книга
책
учень
학생

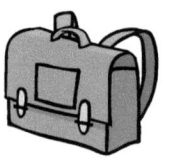

ранець

책가방

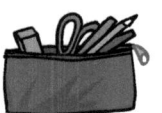

пенал

필통

олівець

연필

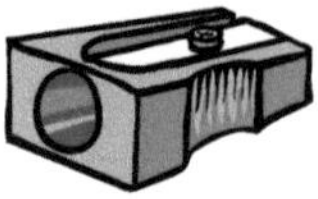

точило

연필깎이

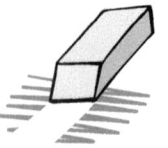

гумка

지우개

альбом для малювання

스케치북

малюнок
그림

пензель
붓

коробка фарб
그림물감 통

ножиці
가위

клей
풀

зошит
연습장

домашнє завдання
숙제

число
숫자

додавати
더하다

віднімати
빼다

множити
곱하다

рахувати
계산하다

літера
글자

абетка
알파벳

слово
낱말

текст

텍스트

читати

읽다

крейда

분필

година

수업시간

класний журнал

출석부

екзамен

시험

диплом

증명서

шкільна форма

교복

освіта

교육

лексикон

백과사전

університет

대학교

мікроскоп

현미경

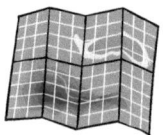

карта

지도

кошик для паперу

휴지통

готель
호텔

Grand

турбаза
호스텔

ROOMS

обмінний пункт
환전소

EXCHANGE

валіза
여행가방

автомобіль
자동차

мова
언어

так / ні
예 / 아니오

добре
좋아
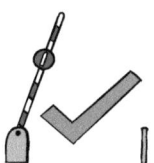

привіт
안녕

перекладач
번역가

дякую
고마워, 고마워요

Скільки коштує ...?

... 얼마입니까?

Я не розумію

나는 이해하지 못합니다

проблема

문제

Добрий вечір!

안녕하세요!

Доброго ранку!

안녕하세요!

На добраніч!

잘자요!

До побачення

또 만나요

напрямок

방향

багаж

수하물

сумка

가방

рюкзак

배낭

гість

손님

кімната

방

спальний мішок

침낭

намет

텐트

туристична інформація

여행 안내

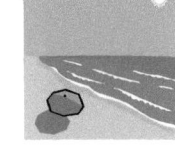

пляж

해변

кредитна картка

신용카드

сніданок

아침식사

обід

점심식사

вечеря

저녁식사

квиток

승차권

ліфт

승강기

поштова марка

우표

межа

경계

митниця

세관

посольство

대사관

віза

비자

паспорт

여권

транспорт
운반

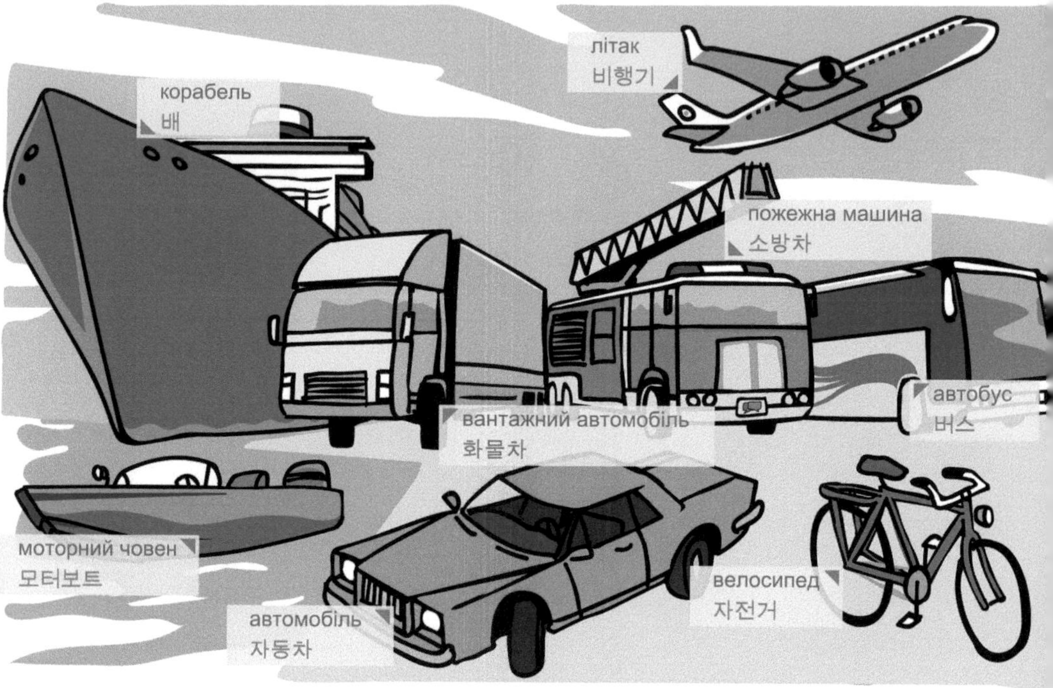
літак
비행기
корабель
배
пожежна машина
소방차
автобус
버스
вантажний автомобіль
화물차
моторний човен
모터보트
велосипед
자전거
автомобіль
자동차

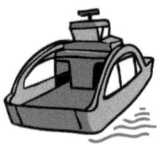

пором

페리

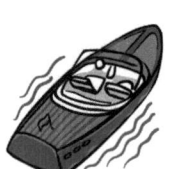

човен

보트

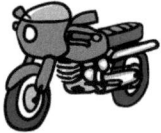

мотоцикл

오토바이

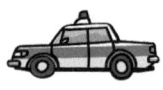

поліцейська машина

경찰차

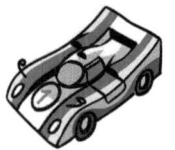

гоночний автомобіль

경주차

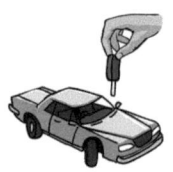

автомобіль на прокат

렌트카

спільне користування авто

카셰어링

евакуатор

견인차

сміттєвоз

쓰레기차

двигун

모터

паливо

연료

автозаправна станція

주유소

дорожній знак

교통 표지

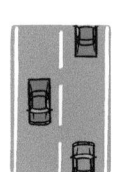

рух

교통

затор

교통 정체

стоянка

주차장

вокзал

기차역

рейки

트랙터

потяг

기차

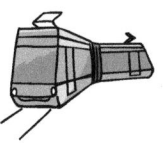

трамвай

전차

вагон

객차

гелікоптер

헬리콥터

аеропорт

공항

вежа

타워

пасажир

승객

контейнер

컨테이너

коробка

상자

візок

카트

кошик

바구니

стартувати / приземлятися

출발하다 / 도착하다

місто

도시

село

마을

центр міста

도심

дім

집

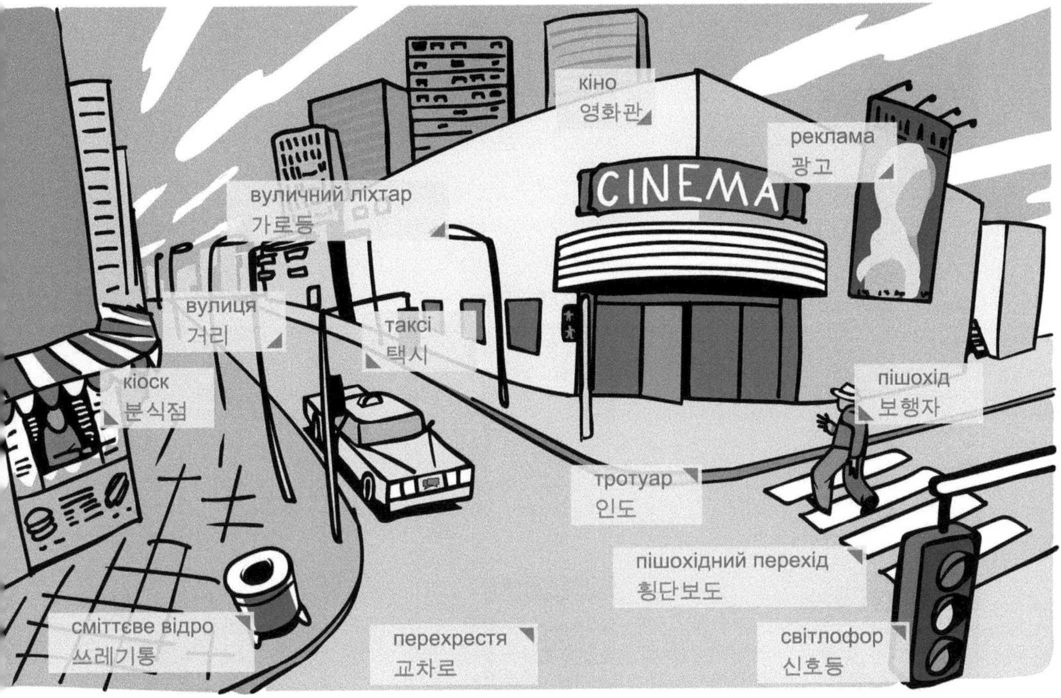

кіно
영화관

реклама
광고

вуличний ліхтар
가로등

CINEMA

вулиця
거리

таксі
택시

пішохід
보행자

кіоск
분식점

тротуар
인도

пішохідний перехід
횡단보도

сміттєве відро
쓰레기통

перехрестя
교차로

світлофор
신호등

хатина

오두막

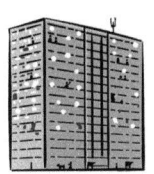

квартира

주택

вокзал

기차역

ратуша

시청

музей

박물관

школа

학교

місто - 도시

університет

대학교

банк

은행

лікарня

병원

готель

호텔

аптека

약국

офіс

사무실

книжковий магазин

서점

магазин

상점

квітковий магазин

꽃가게

супермаркет

수퍼마켓

ринок

시장

універмаг

백화점

торговець рибою

생선가게

торговельний центр

쇼핑 센터

гавань

항구

парк

공원

лава

벤치

міст

다리

сходи

계단

метро

지하철

тунель

터널

автобусна зупинка

버스 정류장

бар

바

ресторан

레스토랑

поштова скринька

우체통

вулична табличка

도로 표지판

лічильник паркування

주차료 징수기

зоопарк

동물원

басейн

수영장

мечеть

모스크 사원

ферма
농장

забруднення навколишнього середовища
환경오염

кладовище
공동묘지

церква
교회

дитячий майданчик
놀이터

храм
절

ландшафт
풍경

листок
잎

вказівний стовп
이정표

шлях
길

луг
초원

камінь
돌

мандрівник
도보여행자

дерево
나무

річка
강

трава
잔디

квітка
꽃

долина

계곡

гора

산

озеро

호수

ліс

숲

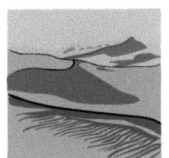

пустеля

사막

вулкан

화산

замок

성

веселка

무지개

гриб

버섯

пальма

야자나무

комар

모기

муха

파리

мурашка

개미

бджола

벌

павук

거미

жук

딱정벌레

жаба

개구리

вивірка

다람쥐

їжак

고슴도치

заєць

토끼

сова

부엉이

птах

새

лебідь

백조

кабан

멧돼지

олень

사슴

лось

순록

гребля

댐

вітряк

풍력 터빈

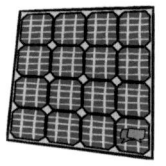

сонячний модуль

태양광 전지판

клімат

기후

ресторан
레스토랑

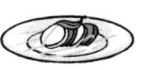

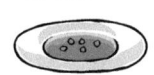

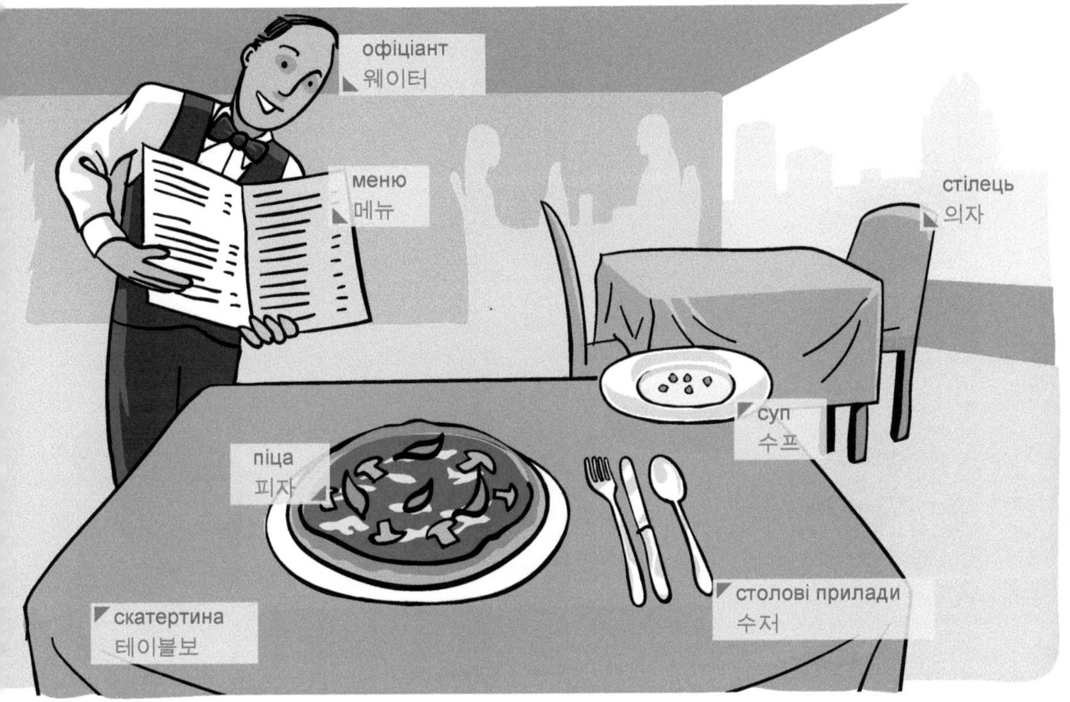
офіціант
웨이터
меню
메뉴
стілець
의자
суп
수프
піца
피자
скатертина
테이블보
столові прилади
수저

закуска

전채요리

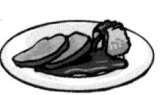

друга страва

주요리

десерт

후식

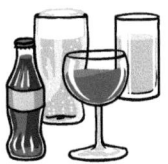

напої

음료수

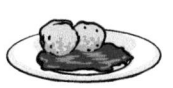

їжа

음식

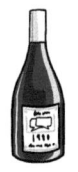

пляшка

병

фаст-фуд

인스턴트 식품

вулична їжа

길거리음식

чайник

찻주전자

цукорниця

설탕통

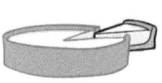

порція

인분

еспресо-машина

에스프레소 머신

високий стільчик

높은 의자

рахунок

계산서

піднос

쟁반

ніж

칼

вилка

포크

ложка

숟가락

чайна ложка

찻숟가락

серветка

냅킨

склянка

유리잔

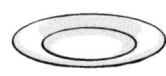

тарілка

접시

тарілка для супу

수프 그릇

блюдце

컵 받침

соус

소스

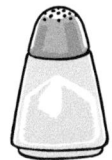

солонка

소금통

млин для перцю

후추통

оцет

식초

масло

기름

спеції

양념

кетчуп

케첩

гірчиця

겨자

майонез

마요네즈

ресторан - 레스토랑

супермаркет
수퍼마켓

пропозиція
특가 판매
FOR
клієнт
고객
молочні продукти
유제품
фрукти
과일
візок для покупок
트롤리

BUTCHERS

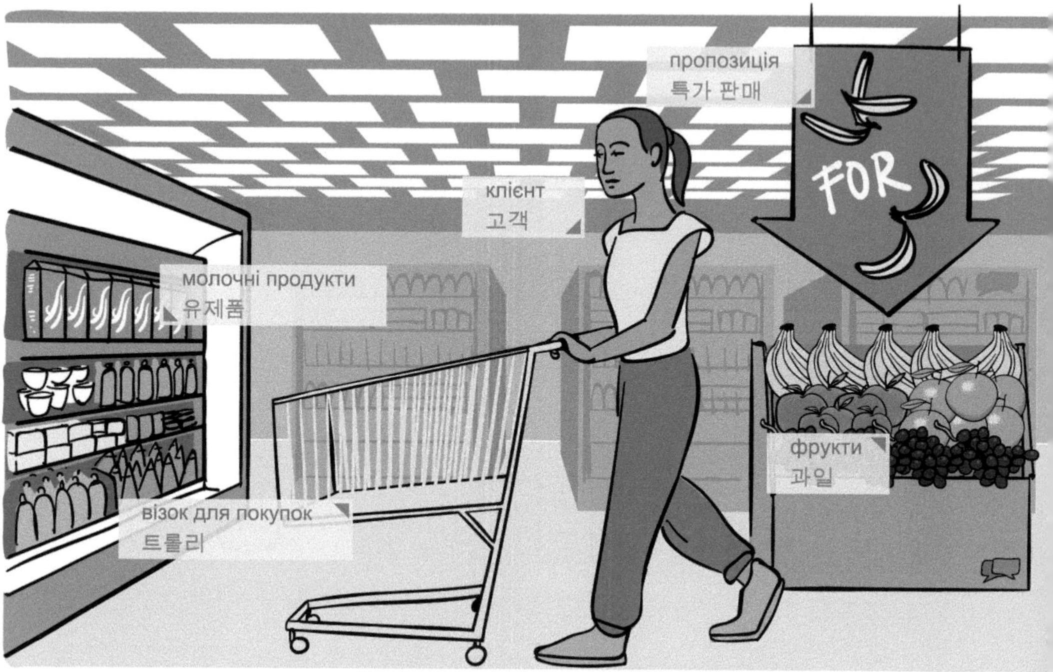

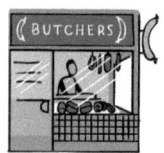

м'ясний магазин

정육점

BAKERY

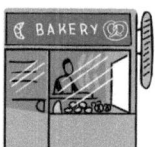

пекарня

빵집

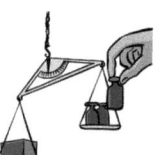

зважувати

무게가 나가다

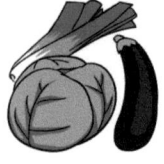

овочі

채소

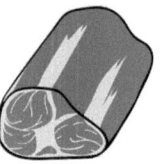

м'ясо

고기

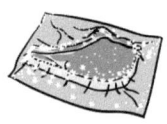

заморожені продукти

냉동식품

ковбасна нарізка

냉육

консерви

통조림

пральний порошок

가루 세제

солодощі

달콤한 간식

предмети домашнього побуту

가정용품

мийний засіб

세척제

продавщиця

판매원

каса

계산대

касир

계산원

список покупок

구매목록

часи роботи

문 여는 시간

гаманець

지갑

кредитна картка

신용카드

сумка

가방

поліетиленовий пакет

비닐 봉투

супермаркет - 수퍼마켓

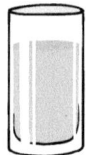

вода

물

сік

주스

молоко

우유

кола

콜라

вино

와인

пиво

맥주

алкоголь

술

какао

카카오

чай

차고

кава

커피

еспресо

에스프레소

капучіно

카푸치노

банан

바나나

яблуко

사과

апельсин

오렌지

кавун

수박

лимон

레몬

морква

당근

часник

마늘

бамбук

대나무

цибуля

양파

гриб

버섯

горішки

견과류

локшина

국수

спагеті

스파게티

рис

쌀

салат

샐러드

картопля фрі

감자칩

смажена картопля

감자튀김

піца

피자

гамбургер

햄버거

бутерброд

샌드위치

шніцель

커틀렛

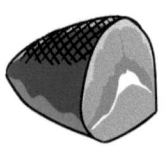

шинка

햄

салямі

살라미

ковбаса

소시지

курка

닭

печеня

구이

риба

생선

вівсяні пластівці

오트밀

мюслі

뮤슬리

кукурудзяні пластівці

콘플레이크

борошно

밀가루

круасан

크루아상

булочка

롤빵

хліб

빵

тостовий хліб

토스트

печиво

비스킷

масло

버터

сир

응유

пиріг

케이크

яйце

달걀

яєчня

계란 후라이

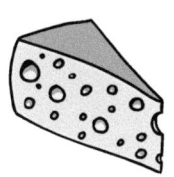

сир

치즈

морозиво

아이스크림

цукор

설탕

мед

꿀

мармелад

잼

нуга-крем

누가 크림

карі

카레

ферма
농장

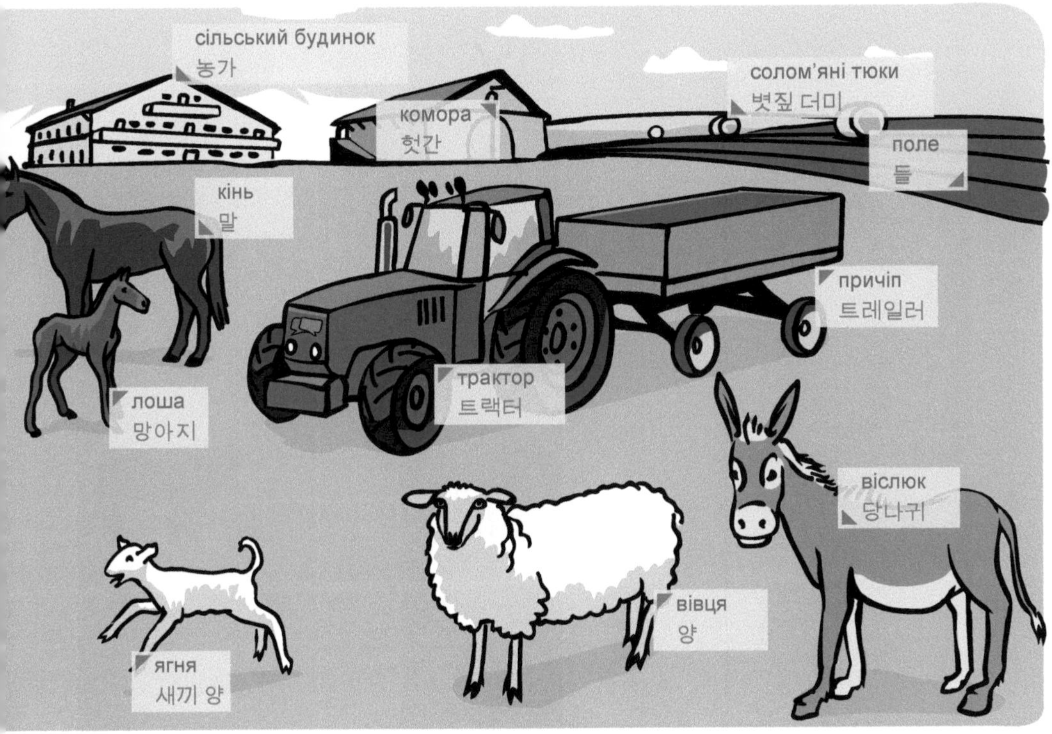
сільський будинок
농가
комора
헛간
солом'яні тюки
볏짚 더미
поле
들
кінь
말
причіп
트레일러
трактор
트랙터
лоша
망아지
віслюк
당나귀
вівця
양
ягня
새끼 양

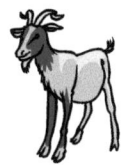

коза
염소

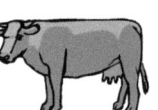

корова
암소

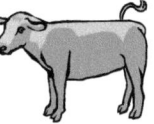

теля
송아지

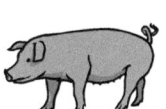

свиня
돼지

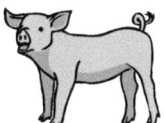

порося
새끼 돼지

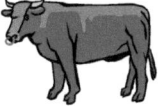

бик
황소

гусак
거위

качка
오리

курча
병아리

курка
암탉

півень
수탉

щур
쥐

кіт
고양이

миша
생쥐

віл
황소

собака
개

собача будка
개집

садовий шланг
정원용 호스

лійка
물뿌리개

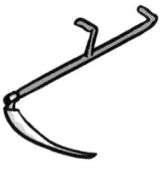

коса
큰 낫

плуг
쟁기

серп

낫

мотика

괭이

вила

쇠스랑

сокира

도끼

тачка

외바퀴 손수레

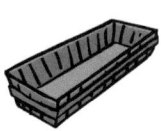

корито

여물통

бідон молока

우유 캔

мішок

부대

паркан

울타리

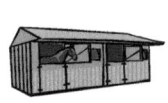

хлів

축사

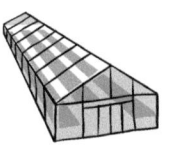

теплиця

비닐하우스

ґрунт

땅

насіння

씨앗

добриво

거름

комбайн

콤바인

пожинати

수확하다

урожай

수확

корінь ямсу

참마

пшениця

밀

соя

콩

картопля

감자

кукурудза

옥수수

ріпак

유채씨

плодове дерево

과일나무

маніок

카사바

злаки

곡식

димохід
굴뚝

дах
지붕

водостічний лоток
낙수 홈통

вікно
창문

гараж
차고

дзвінок
초인종

двері
문

відро для сміття
쓰레기통

поштова скринька
우편함

сад
정원

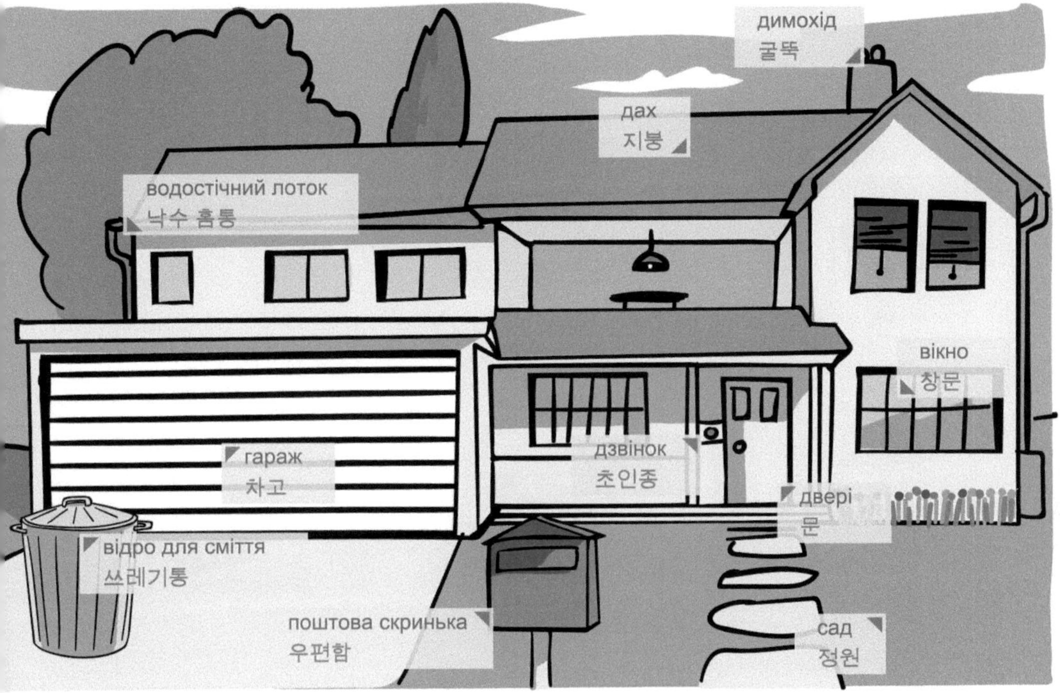

вітальня
응접실

ванна кімната
욕실

кухня
부엌

спальня
침실

дитяча кімната
아이들 방

їдальня
식사실

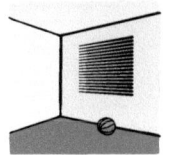

підлога

바닥

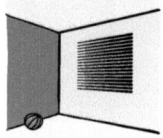

стіна

벽

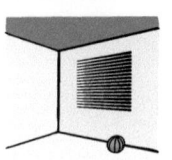

стеля

천장

підвал

지하실

сауна

사우나

балкон

발코니

тераса

테라스

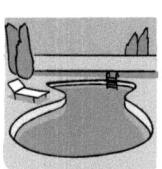

басейн

수영장

косарка

잔디 깎는 기계

простирало

침대 시트

ковдра

이불

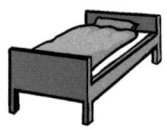

ліжко

침대

мітла

빗자루

відро

양동이

перемикач

스위치

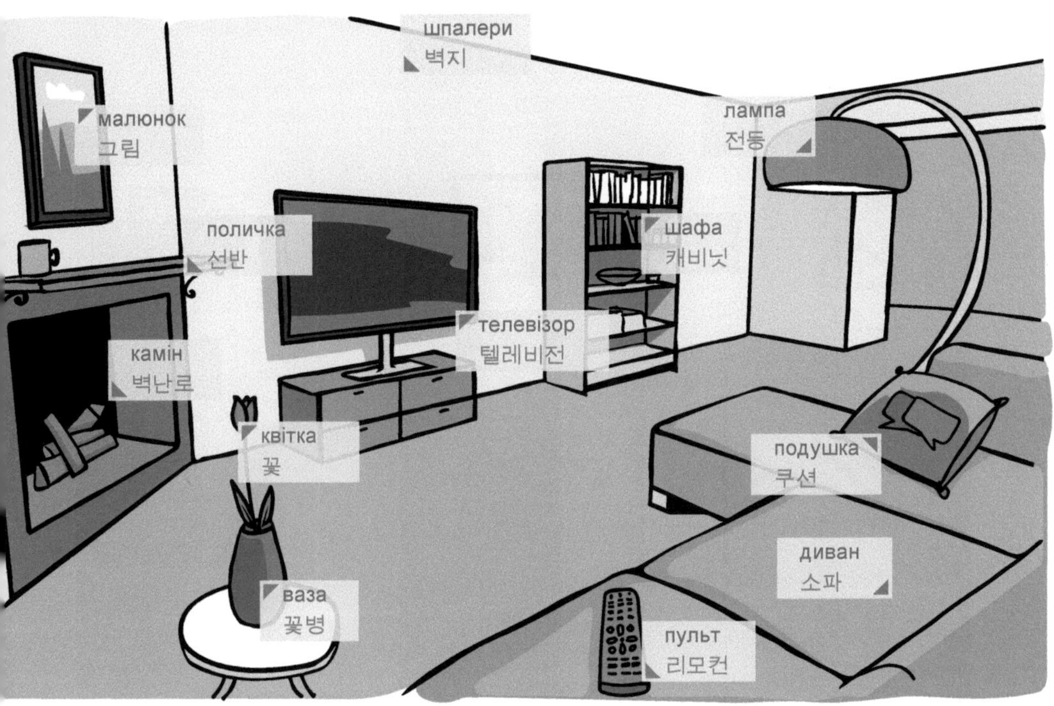

шпалери
벽지

малюнок
그림

лампа
전동

поличка
선반

шафа
캐비닛

телевізор
텔레비전

камін
벽난로

квітка
꽃

подушка
쿠션

диван
소파

ваза
꽃병

пульт
리모컨

килим
카페트

завіса
커튼

стіл
탁자

стілець
의자

крісло-гойдалка
흔들의자

крісло
안락의자

книга

책

ковдра

담요

прикраса

장식

дрова

뗄감나무

фільм

영화

стереосистема

하이파이 기기

ключ

열쇠

газета

신문

картина

회화

плакат

포스터

радіо

라디오

блокнот

노트

пилосос

진공청소기

кактус

선인장

свічка

초

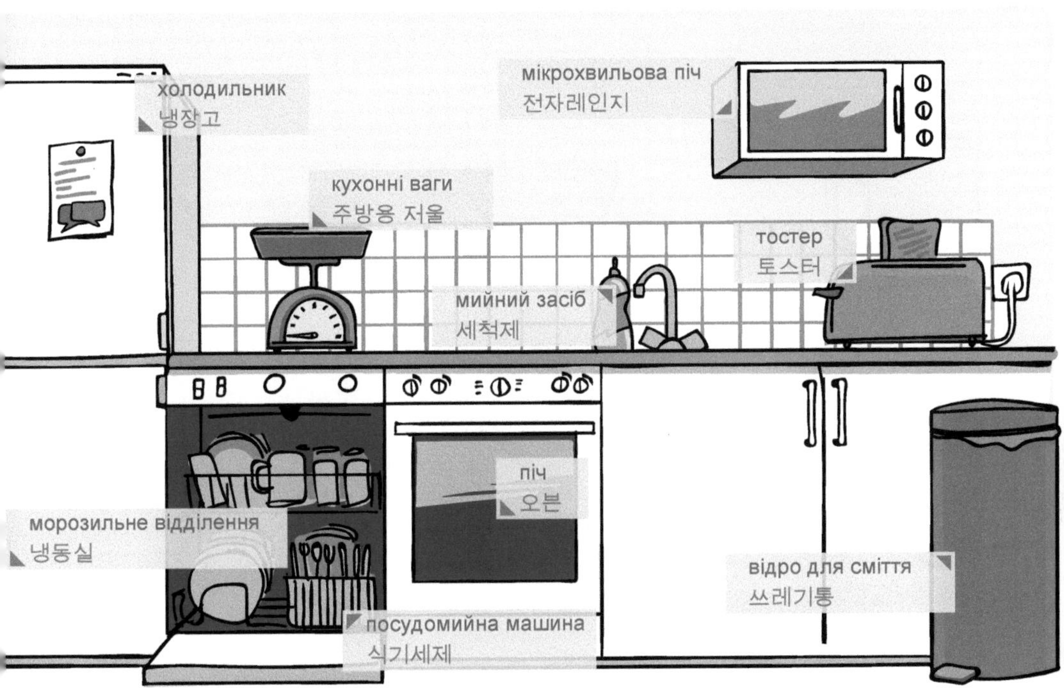

холодильник
냉장고

мікрохвильова піч
전자레인지

кухонні ваги
주방용 저울

мийний засіб
세척제

тостер
토스터

піч
오븐

морозильне відділення
냉동실

відро для сміття
쓰레기통

посудомийна машина
식기세제

плита
쿠커

горщик
냄비

чавунний горщик
주철 냄비

вок / кадай
웍 / 카다이 냄비

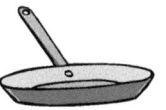

сковорода
프라이팬

чайник
주전자

пароварка

찜기

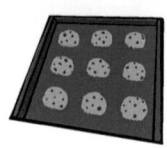

лист

오븐 구이용 쟁반

посуд

그릇

кухоль

머그

чаша

양푼이

палички для їжі

젓가락

черпак

국자

лопатка

주걱

вінчик для збивання

거품기

сито

여과기

сито

체

терка

강판

ступка

절구

барбекю

바베큐

багаття

화덕

дошка

도마

качалка

밀방망이

штопор

코르크 병따개

конзерва

캔

відкривачка

캔 따개

прихватки

냄비 받침

раковина

개수대

щітка

솔

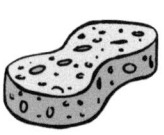

губка

수세미

міксер

블렌더

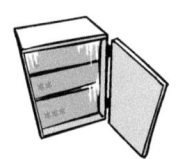

морозильна камера

냉동고

дитяча пляшка

젖병

кран

수도꼭지

ванна кімната

욕실

опалення
히터
рушник
수건
душ
샤워
душова завіса
샤워 커튼
піниста ванна
거품 비누
ванна
욕조
склянка
유리잔
пральна машина
세탁기
кран
수도꼭
지
плитка
타일
горшок
변기
раковина
개수대

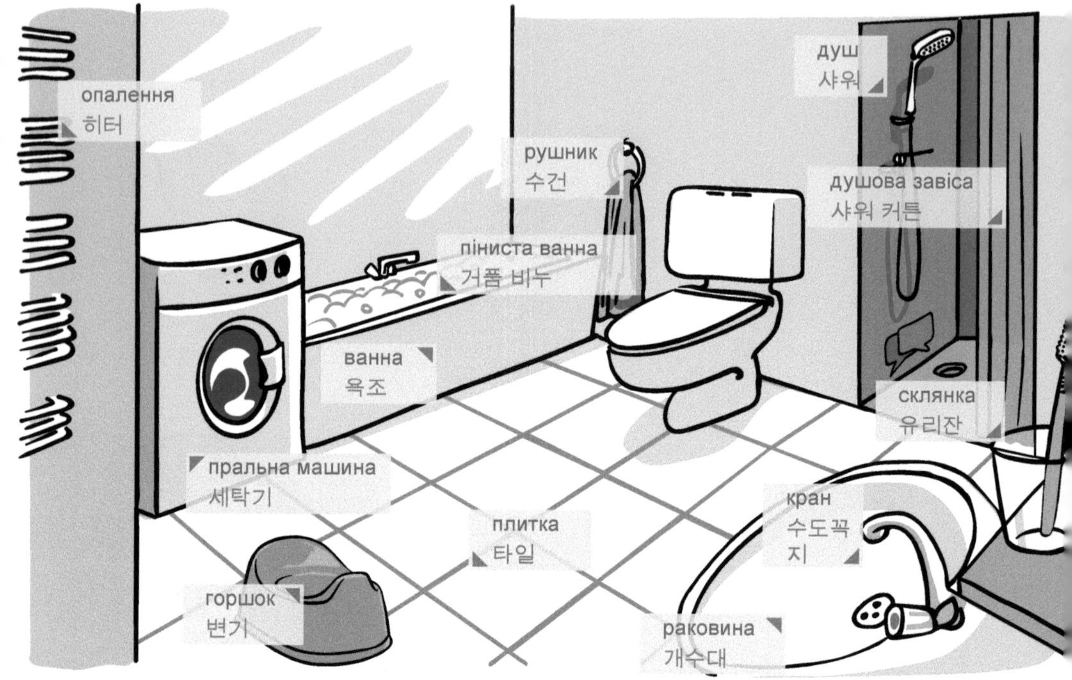

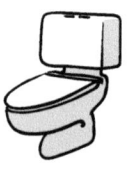

туалет

화장실

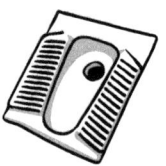

підлоговий туалет

재래식 화장실

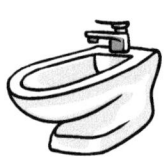

біде

비데

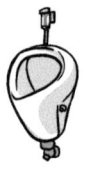

пісуар

공중 변소

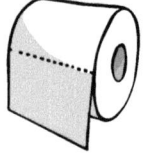

туалетний папір

화장지

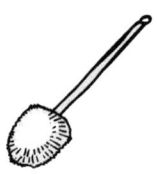

щітка для туалету

변기솔

зубна щітка

치솔

зубна паста

치약

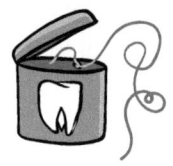

нитка для чищення зубів

치실

мити

씻다

ручний душ

샤워기

інтимний душ

질 세척제

таз

대야

щітка для спини

등밀이솔

мило

비누

гель для душу

샤워 젤

шампунь

샴푸

мочалка

물걸레

водостік

배수관

крем

크림

дезодорант

체취 제거제

дзеркало

거울

косметичне дзеркало

휴대용 거울

бритва

면도기

піна для гоління

면도 거품

лосьйон після гоління

에프터쉐이브

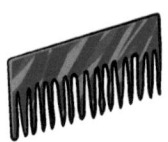

гребінь

빗

щітка

솔

фен

헤어드라이기

лак для волосся

헤어스프레이

косметика

메이크업

губна помада

립스틱

лак для нігтів

손톱깎이

вата

면 솜

ножиці для нігтів

손톱

парфум

향수

косметичка

세면도구 주머니

табурет

스툴

ваги

저울

халат

목욕 가운

гумові рукавички

고무 장갑

тампон

탐폰

гігієнічні прокладки

생리대

біотуалет

화학 화장실

дитяча кімната
아이들 방

будильник
자명종
м'яка іграшка
털인형
іграшковий автомобіль
장난감 차
брязкальце
딸랑이
ляльковий будиночок
인형의 집
подарунок
선물

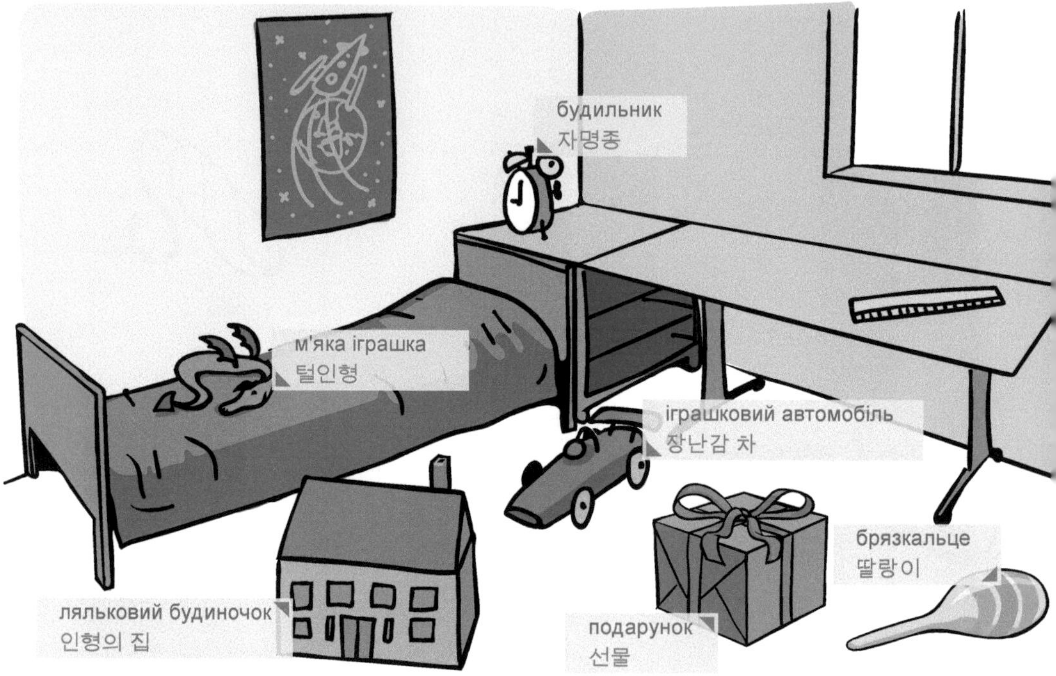

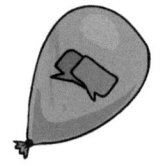

повітряна кулька

풍선

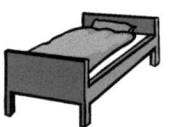

ліжко

침대

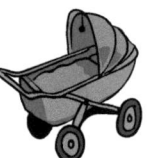

дитячий візок

유모차

картярська гра

카드 게임

пазл

퍼즐

SUPER
MEGA

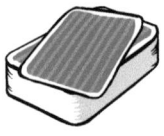

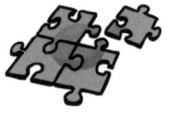

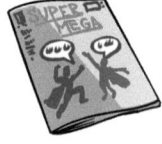

комікс

만화

лего цеглинки

레고

блоки

장난감 블럭

іграшкова фігурка

액션 캐릭터

повзунки

베이비 그로

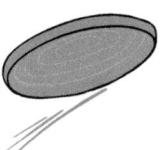

фризбі

프리스비

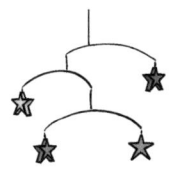

мобіле

모빌

настільна гра

보드 게임

кубик

주사위

модель залізнична станція

기차 모형 세트

соска

노리개 젖꼭지

вечірка

파티

книжка з картинками

그림책

м'яч

공

лялька

인형

грати

놀다

пісочниця

모래상자

гойдалка

그네

іграшка

장난감

гральна консоль

비디오 게임 콘솔

триколісний велосипед

세바퀴자전거

плюшевий мішка

곰인형

шафа

옷장

ОДЯГ

의복

шкарпетки

양말

панчохи

스타킹

колготки

스타킹

шарф
스카프

парасоля
우산

футболка
티셔츠

ремінь
허리띠

домашнє взуття
슬리퍼

чоботи
부츠

кросівки
운동화

сандалі
샌들

взуття
신발

гумові чоботи
고무 장화

труси
팬티

бюстгальтер
브래지어

нижня сорочка
러닝 셔츠

одяг - 의복

боді
바디

штани
바지

джинси
청바지

спідниця
치마

блузка
블라우스

сорочка
셔츠

пуловер
풀오버

светр
후드티

піджак
블레이저

куртка
자켓

пальто
외투

дощовик
비옷

костюм
의상

сукня
원피스

весільна сукня
웨딩 드레스

костюм

양복

нічна сорочка

나이트가운

піжама

잠옷

сарі

사리

головна хустка

두건

чалма

터번

бурка

부르카

кафтан

카프탄

абая

아바야

купальник

수영복

плавки

수영바지

шорти

반바지

тренувальний костюм

트레이닝복

фартух

앞치마

рукавички

장갑

гудзик

단추

окуляри

안경

браслет

팔찌

ланцюг

목걸이

кільце

반지

сережка

귀걸이

шапка

캡 모자

плічка

옷걸이

капелюх

모자

краватка

넥타이

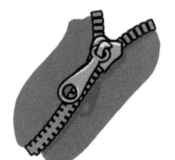

застібка-блискавка

지퍼

шолом

헬멧

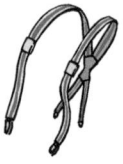

підтяжки

멜빵

шкільна форма

교복

уніформа

유니폼

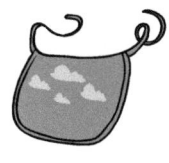

нагрудник

턱받이

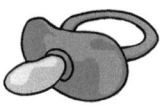

соска

노리개 젖꼭지

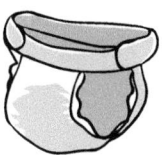

підгузок

기저귀

офіс

사무실

сервер
서버
шаф для документів
서류 캐비닛
принтер
인쇄기
папір
종이
монітор
모니터
миша
마우스
письмовий стіл
책상
папка
폴더
синтезатор
자판기
кошик для паперу
휴지통
комп'ютер
컴퓨터
стілець
의자

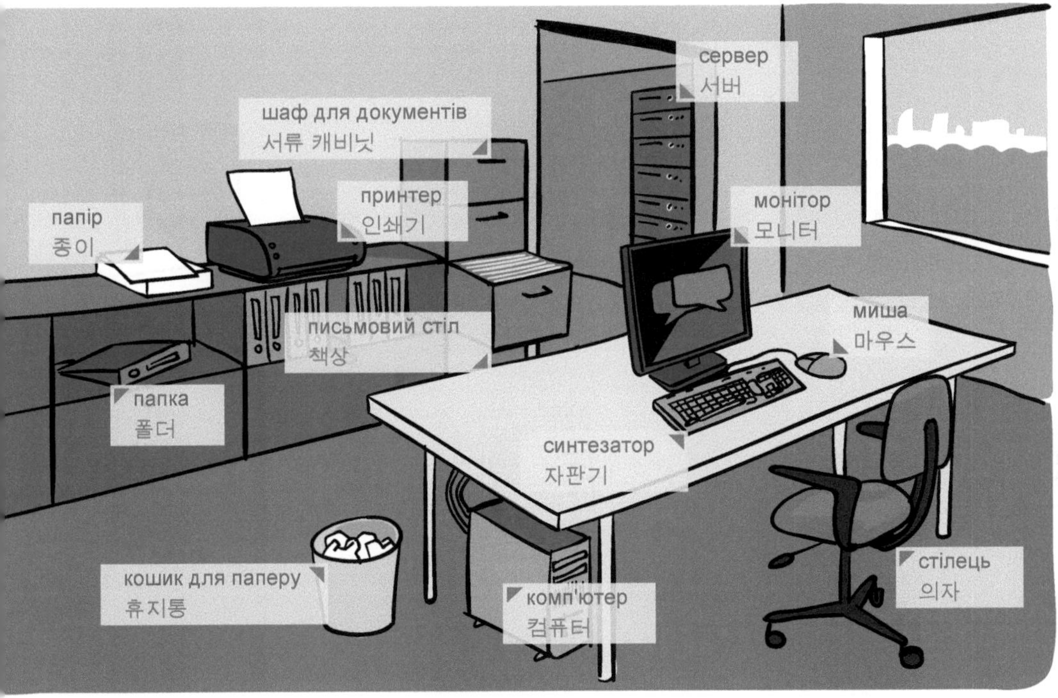

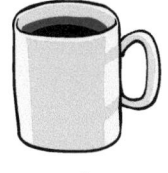

кавовий кухоль

커피잔

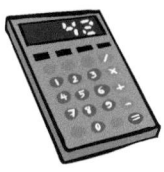

калькулятор

계산기

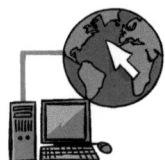

інтернет

인터넷

ноутбук

노트북

лист

편지

повідомлення

메시지

мобільний телефон

휴대전화

мережа

네트워크

копіювальний пристрій

복사기

програмне забезпечення

소프트웨어

телефон

전화

розетка

플러그 소켓

факс

팩시밀리

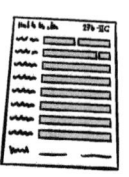

бланк

서식

документ

서류

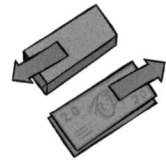

купувати

사다

платити

지불하다

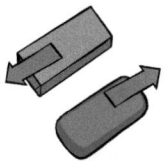

торгувати

거래하다

гроші

돈

USD

долар

달러

EUR

євро

유로

JPY

ієна

엔

RUB

рубль

루벨

CHF

франк

스위스 프랑

CNY

юанів женьміньбі

위안

INR

рупія

루피

банкомат

현금인출기

обмінний пункт

환전소

золото

금

срібло

은

нафта

석유

енергія

에너지

ціна

가격

контракт

계약

податок

세금

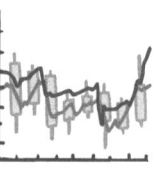

акція

주식

працювати

일하다

працівник

근로자

роботодавець

고용주

фабрика

공장

магазин

상점

поліцейський
경찰관

пожежник
소방관

пілот
조종사

лікар
의사

повар
요리사

садівник
정원사

столяр
목수

швачка
수선공

суддя
판사

хімік
화학자

актор
배우

водій автобуса

버스운전사

таксист

택시 운전사

рибалка

어부

прибиральниця

청소부

покрівельник

지붕 수리자

офіціант

웨이터

мисливець

사냥꾼

художник

화가

пекар

제빵사

електрик

전기업자

будівельник

건축업자

інженер

엔지니어

забійник

정육점업자

бляхар

배관업자

листоноша

우편물 배달부

солдат

군인

архітектор

건축가

касир

계산원

флорист

플로리스트

перукар

미용사

кондуктор

검표원

механік

정비사

капітан

선장

дантист

치과의사

вчений

학자

рабин

유대교 라비

імам

이맘

монах

수도승

пастор

사제

інструменти

연장

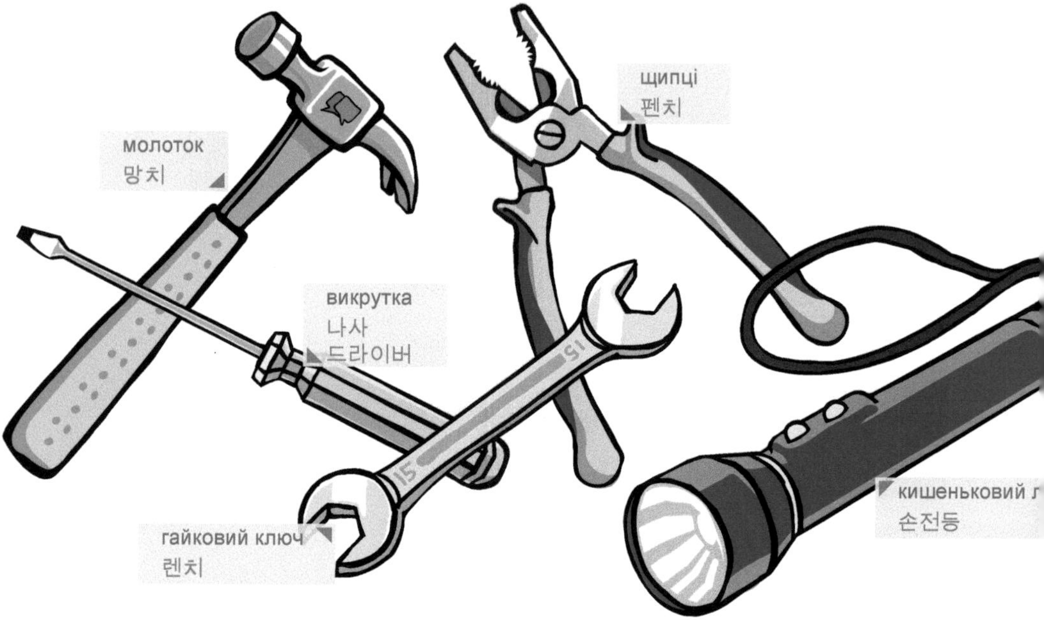
молоток
망치
щипці
펜치
викрутка
나사
드라이버
гайковий ключ
렌치
кишеньковий л
손전등

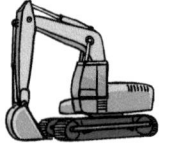

екскаватор
굴삭기

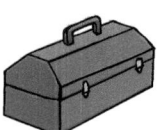

ящик для інструментів
연장통

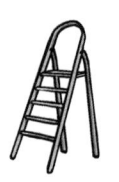

драбина
사다리

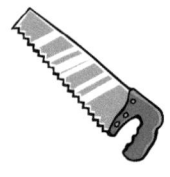

пилка
톱

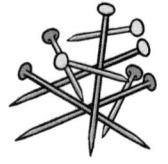

цвяхи
못

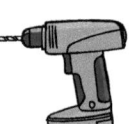

свердло
드릴

ремонтувати

수리하다

лопата

삽

лайно!

젠장!

совок

쓰레받기

відро з фарбою

페인트통

гвинти

나사

музичні інструменти
악기

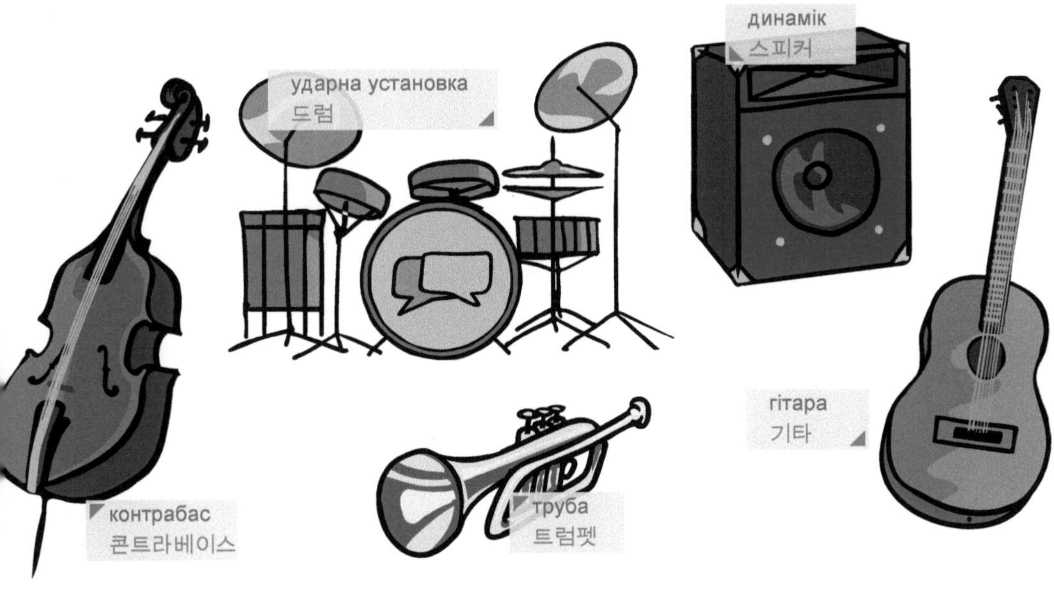

динамік
스피커

ударна установка
드럼

гітара
기타

контрабас
콘트라베이스

труба
트럼펫

фортепіано

피아노

скрипка

바이올린

бас

베이스

литаври

팀파니

барабан

북

клавіатура

키보드

саксофон

색소폰

флейта

플루트

мікрофон

마이크

зоопарк

동물원

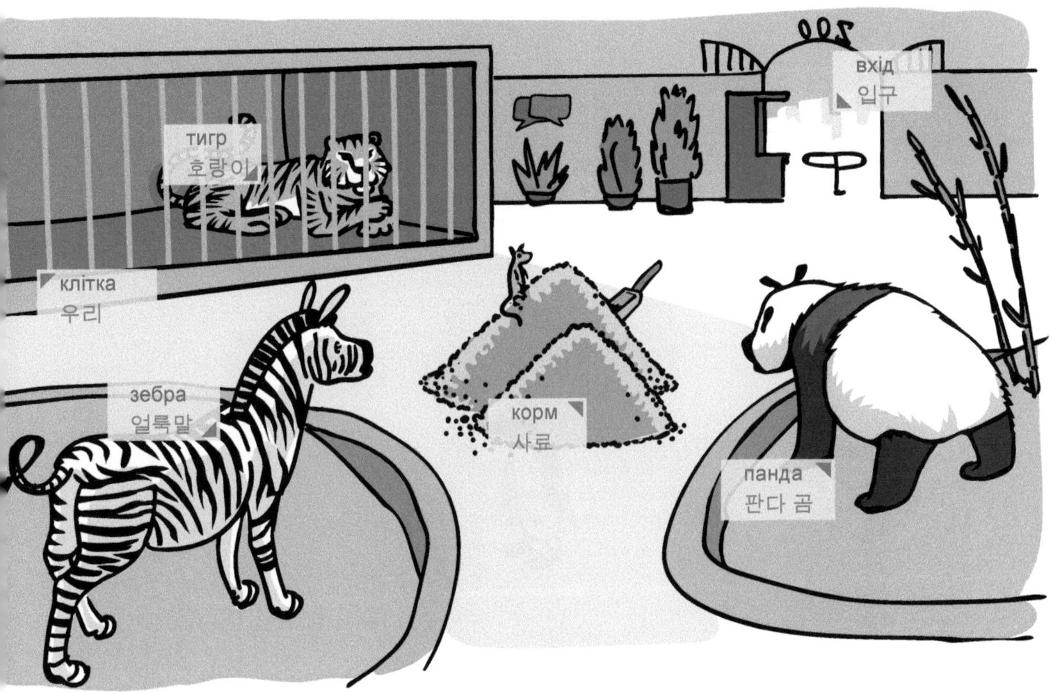

вхід
입구
тигр
호랑이
клітка
우리
зебра
얼룩말
корм
사료
панда
판다 곰

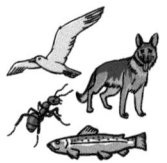

тварини

동물

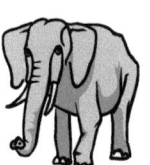

слон

코끼리

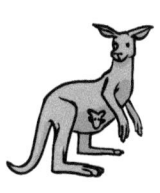

кенгуру

캥거루

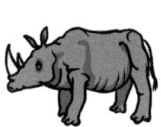

носоріг

코뿔소

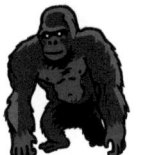

горила

고릴라

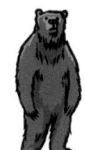

ведмідь

곰

верблюд

낙타

страус

타조

лев

사자

мавпа

원숭이

фламінго

홍학

папуга

앵무새

білий ведмідь

북극곰

пінгвін

펭귄

акула

상어

павич

공작

змія

뱀

крокодил

악어

працівник зоопарку

동물원 사육사

тюлень

물개

ягуар

재규어

поні

조랑말

леопард

표범

гіпопотам

하마

жираф

기린

орел

독수리

кабан

맷돼지

риба

생선

черепаха

거북이

морж

바다코끼리

лисиця

여우

газель

영양

американський футбол
미식축구

їзда на велосипеді
자전거 경기

теніс
테니스

баскетбол
농구

плавання
수영

бокс
권투

хокей
아이스하키

футбол
축구

бадмінтон
배드민턴

легка атлетика
육상 경기

гандбол
핸드볼

лижні перегони
스키

поло
폴로

стрибати
뛰어오르다

обіймати
포옹하다

сміятися
웃다

йти
걷다

співати
노래하다

мріяти
꿈꾸다

молитися
기도하다

цілувати
입맞추다

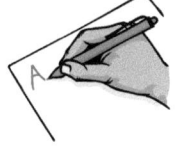

писати

쓰다

малювати

그리다

показувати

보여주다

тиснути

밀다

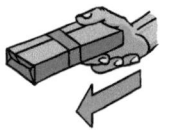

давати

주다

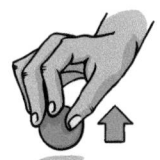

брати

받다

мати

가지다

робити

행하다

бути

...이다

стояти

서있다

бігати

뛰다

тягнути

당기다

кидати

던지다

падати

떨어지다

лежати

누워있다

очікувати

기다리다

носити

운반하다

сидіти

앉다

одягати

옷을 입다

спати

자다

просипатися

깨다

дивитися

보다

плакати

울다

гладити

쓰다듬다

розчісувати

빗다

розмовляти

말하다

розуміти

이해하다

питати

묻다

слухати

듣다

пити

마시다

їсти

먹다

прибирати

정리하다

любити

사랑하다

варити

요리하다

їхати

주행하다

літати

날다

йти під вітрилом

해항하다

рахувати

계산하다

читати

읽다

вчитися

배우다

працювати

일하다

одружуватися

결혼하다

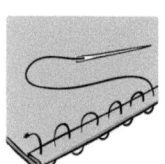

шити

바느질하다

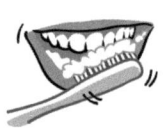

чистити зуби

이를 닦다

убивати

죽이다

курити

담배 피우다

посилати

보내다

бабуся
할머니

дідуся
할아버지

батько
아버지

мати
어머니

немовля
아기

донька
딸

син
아들

гість

손님

тітка

이모 / 고모

дядько

삼촌

брат

형제

сестра

자매

тіло

몸통

чоло
이마
око
눈
плече
어깨
палець
손가락
обличчя
얼굴
підборіддя
턱
кисть
손가락
нога
다리
груди
가슴
рука
팔

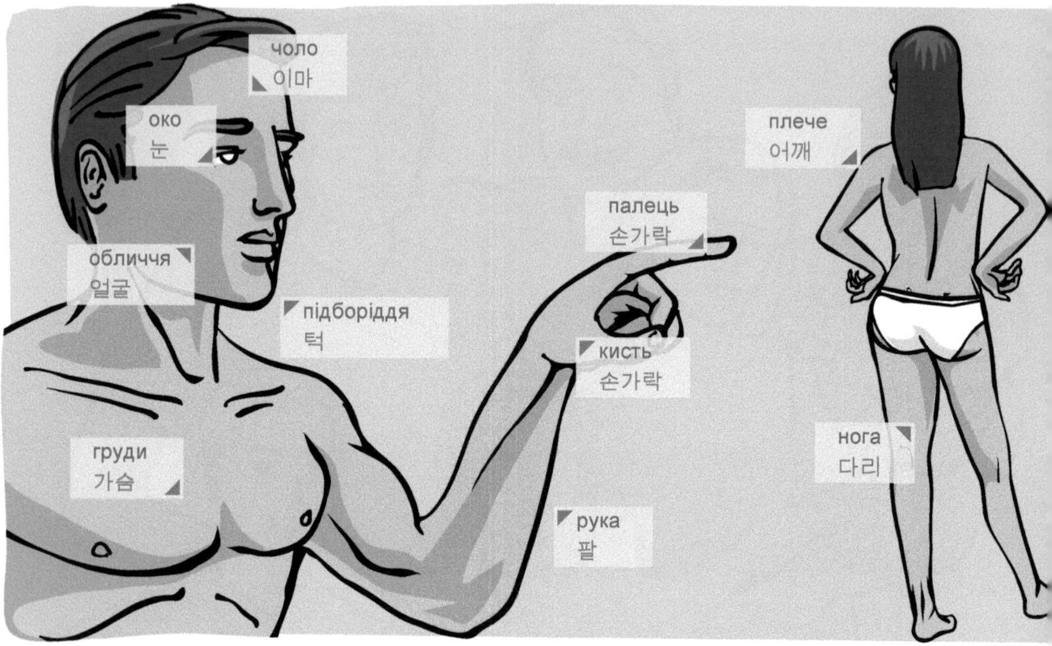

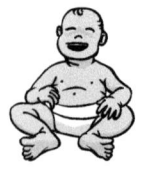

немовля

아기

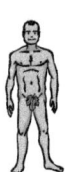

чоловік

남자

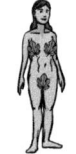

жінка

여자

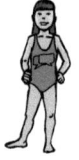

дівчина

소녀

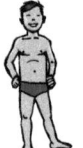

хлопчик

소년

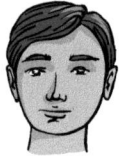

голова

머리카락

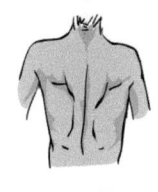

спина
....
등

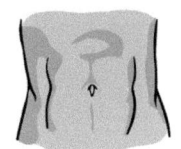

живіт
....
배

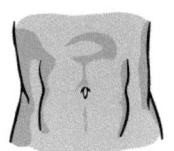

пуп
....
배꼽

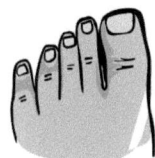

палець ноги
....
발가락

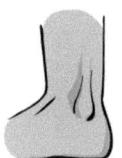

п'ята
....
발꿈치

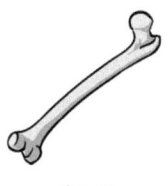

кістка
....
뼈

стегно
....
엉덩이

коліно
....
무릎

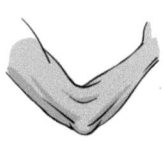

лікоть
....
팔꿈치

ніс
....
코

сідниці
....
둔부

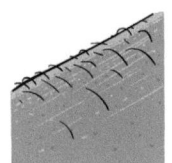

шкіра
....
피부

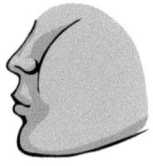

щока
....
뺨

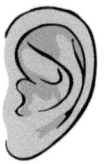

вухо
....
귀

губа
....
입술

рот
입

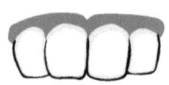

зуб
치아

язик
혀

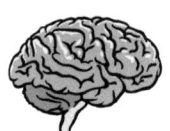

мозок
뇌

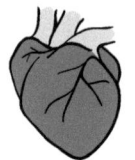

серце
심장

м'яз
근육

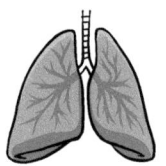

легені
허파

печінка
간

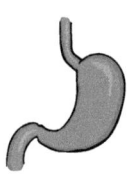

шлунок
위

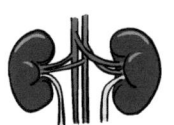

нирки
신장

статевий акт
성교

презерватив
콘돔

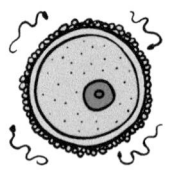

яйцеклітина
난자

сперма
정자

вагітність
임신

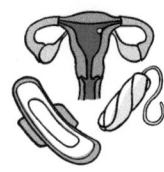

менструація
·············
월경

вагіна
·············
질

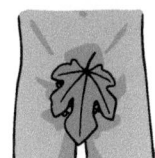

пеніс
·············
음경

брова
·············
눈썹

волосся
·············
머리카락

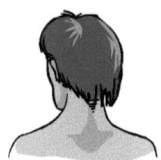

шия
·············
목

лікарня
병원

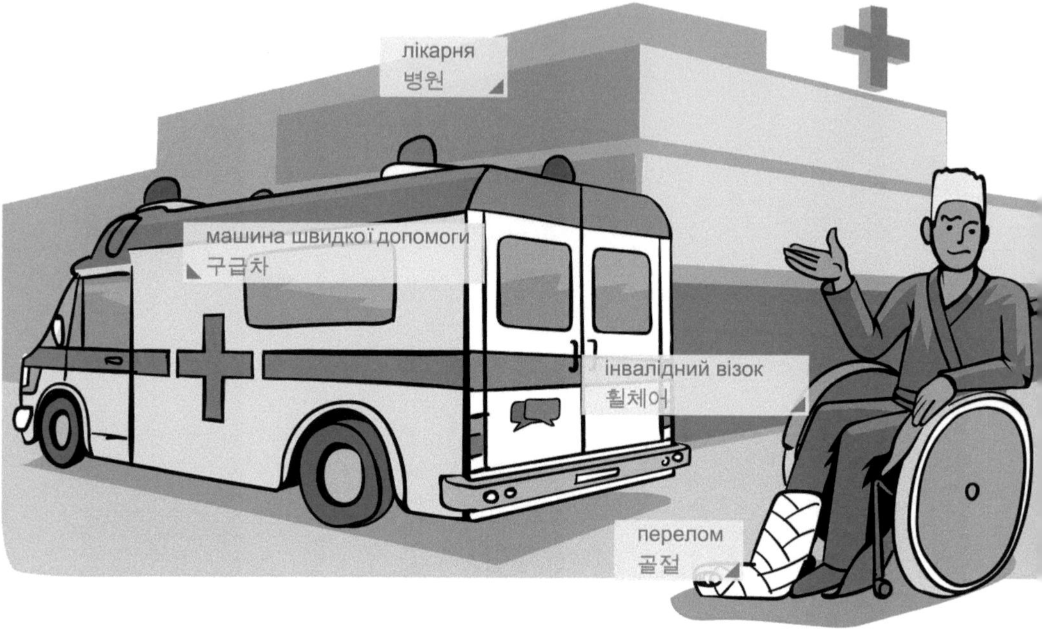

лікарня
병원
машина швидкої допомоги
구급차
інвалідний візок
휠체어
перелом
골절

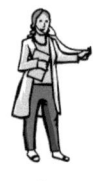

лікар
의사

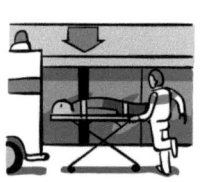

відділення швидкої медичної допомоги
응급실

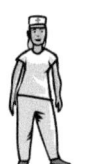

медсестра
간호사

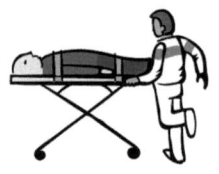

аварійний випадок
응급상황

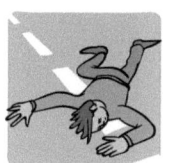

непритомний
혼수상태

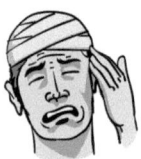

біль
통증

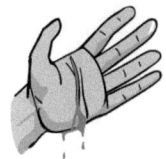

травма
부상

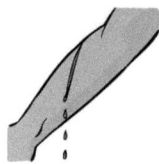

кровотеча
출혈

інфаркт
심장마비

інсульт
뇌졸증

алергія
알러지

кашель
기침

лихоманка
열

грип
독감

пронос
설사

головна біль
두통

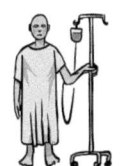

рак
암

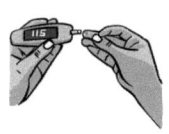

діабет
당뇨병

хірург
외과의

скальпель
수술용 메스

операція
수술

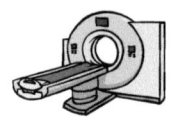

КТ
CT

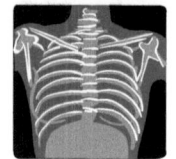

рентген
엑스레이

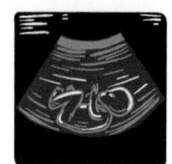

ультразвук
초음파

маска
마스크

хвороба
질병

зал очікування
대기실

милиця
목발

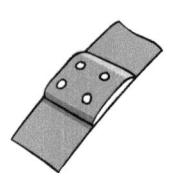

пластир
반창고

пов'язка
붕대

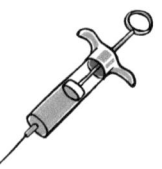

ін'єкція
주사

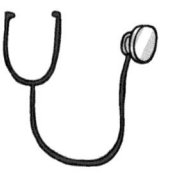

стетоскоп
청진기

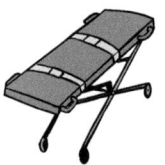

ноші
들것

термометр
체온계

народження
출생

надмірна вага
과체중

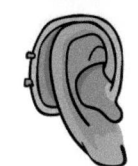

слуховий апарат

보청기

дезінфікуючий засіб

소독약

інфекція

감염

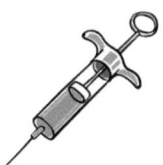

вірус

바이러스

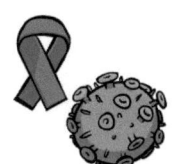

ВІЛ / СНІД

HIV / AIDS

медицина

의학

вакцинація

예방접종

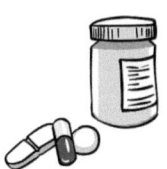

таблетки

알약

протизаплідна пігулка

알약

екстрений виклик

구급 전화

тонометр

혈압측정기

хворий / здоровий

병든 / 건강한

Допоможіть!
도와주세요!

сигнал тривоги
경보음

напад
폭행

атака
공격

небезпека
위험

аварійний вихід
비상구

Вогонь!
불이야!

вогнегасник
소화기

аварія
사고

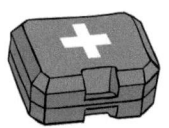
аптечка
구급 상자

СОС
SOS

поліція
경찰

Європа

유럽

Північна Америка

북미

Південна Америка

남미

Африка

아프리카

Азія

아시아

Австралія

호주

Атлантика

북극

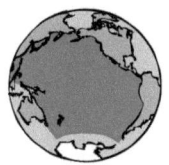

Тихий океан

태평양

Індійський океан

인도양

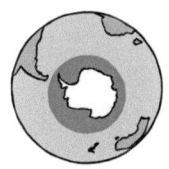

Антарктичний океан

남극해

Північний Льодовитий океан

북극해

Північний полюс

북극해

Південний полюс

남극해

Антарктика

남극

Земля

지구

суша

육지

море

바다

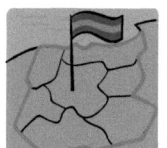

острів

섬

нація

국가

держава

주

циферблат

시계 문자판

годинникова стрілка

시침

хвилинна стрілка

분침

секундна стрілка

초침

Котра година?

몇 시입니까?

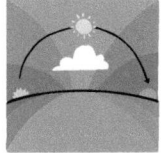

день

일

час

시간

зараз

지금

цифровий годинник

디지털 시계

хвилина

분

година

시간

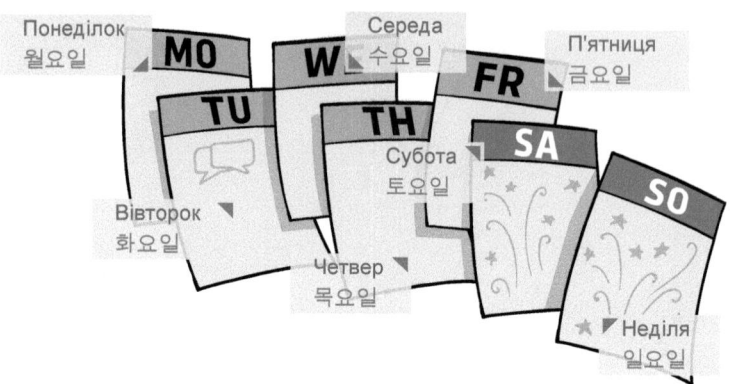

вчора

어제

сьогодні

오늘

завтра

내일

ранок

아침

опівдні

정오

вечір

저녁

робочі дні

근로일

кінець робочого тижня

주말

дощ
비

веселка
무지개

сніг
눈

вітер
바람

весна
봄

осінь
가을

літо
여름

зима
겨울

прогноз погоди

날씨 예보

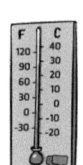

термометр

온도계

сонячне світло

햇빛

хмара

구름

туман

안개

вологість повітря

습도

блискавка
번개

грім
천둥

шторм
폭풍

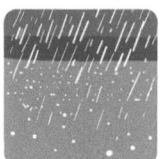

град
우박

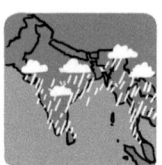

мусон
장마

повінь
홍수

лід
얼음

Січень
1월

Лютий
2월

Березень
3월

Квітень
4월

Травень
5월

Червень
6월

Липень
7월

Серпень
8월

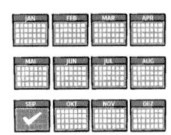

Вересень

9월

Жовтень

10월

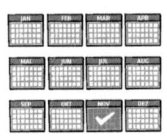

Листопад

11월

Грудень

12월

форми
형태

круг

원

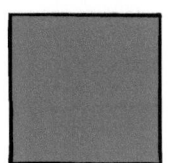

квадрат

정사각형

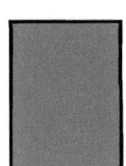

прямокутник

직사각형

трикутник

삼각형

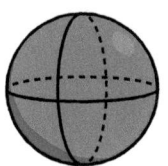

куля

구

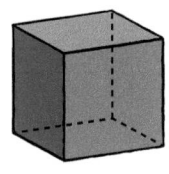

куб

정사면체

білий

하양

жовтий

노랑

помаранчевий

주황

рожевий

분홍

червоний

빨강

фіолетовий

보라

синій

파랑

зелений

초록

коричневий

갈색

сірий

회색

чорний

검정

багато / мало

많은 / 적은

лютий / мирний

화난 / 차분한

гарний / бридкий

아름다운 / 추한

початок / кінець

시작 / 끝

великий / малий

큰 / 작은

світлий / темний

밝은 / 어두운

брат / сестра

형제 / 자매

чистий / брудний

깨끗한 / 더러운

завершений /
незавершений

완전한 / 불완전한

день / ніч

낮 / 밤

мертвий / живий

죽은 / 산

широкий / вузький

넓은 / 좁은

їстівний / неїстівний

삭용의 / 비식용의

злий / дружній

불친절한 / 친절한

збуджений / нудьгуючий

흥분된 / 지루한

товстий / тонкий

뚱뚱한 / 마른

спочатку / востаннє

처음으로 / 마지막으로

друг / ворог

친구 / 적

повний / порожній

꽉 찬 / 텅 빈

жорсткий / м'який

딱딱한 / 부드러운

важкий / легкий

무거운 / 가벼운

голод / спрага

배고픔 / 목마름

хворий / здоровий

병든 / 건강한

незаконний / законний

불법 / 합법

розумний / дурний

영리한 / 어리석은

вліво / вправо

왼 / 오른

поруч / далеко

가까운 / 먼

новий / використаний

새 / 헌

нічого / щось

무 / 유

старий / молодий

늙은 / 젊은

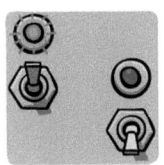

вкл / викл

온 / 오프

відкрито / закрито

열린 / 닫힌

тихо / гучно

조용한 / 시끄러운

багатий / бідний

부유한 / 가난한

правильно / неправильно

옳은 / 틀린

шорсткий / гладкий

거친 / 매끄러운

сумний / щасливий

슬픈 / 기쁜

короткий / довгий

짧은 / 긴

повільно / швидко

느린 / 빠른

вологий / сухий

젖은 / 마른

гарячий / холодний

따뜻한 / 시원한

війна / мир

전쟁 / 평화

0

нуль

영

1

один

하나

2

два

둘

3

три

셋

4

чотири

넷

5

п'ять

다섯

6

шість

여섯

7

сім

일곱

8

вісім

여덟

9

дев'ять

아홉

10

десять

열

11

одинадцять

열하나

12
дванадцять
열둘

13
тринадцять
열셋

14
чотирнадцять
열넷

15
п'ятнадцять
열다섯

16
шістнадцять
열여섯

17
сімнадцять
열일곱

18
вісімнадцять
열여덟

19
дев'ятнадцять
열아홉

20
двадцять
스물

100
сто
백

1.000
тисяча
천

1.000.000
мільйон
백만

англійська

영어

американська англійська

미국식 영어

китайська
високочиновницька

중국어 만다린

хінді

힌두어

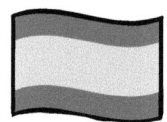

іспанська

스페인어

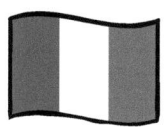

французька

프랑스어

арабська

아랍어

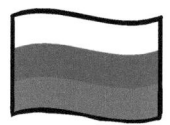

російська

러시아어

португальська

포르투갈어

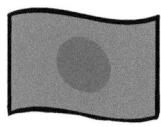

бенгальська

불가리아어

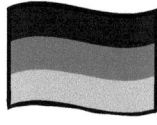

німецька

독일어

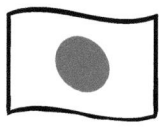

японська

일본어

я

나

ти

너

він / вона / воно

그 / 그녀/ 그것

ми

우리

ви

너희들

вони

그들

хто?

누가?

що?

무엇이?

як?

어떻게?

де?

어디서?

коли?

언제?

ім'я

이름

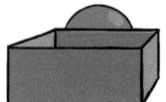

ззаду

뒤에

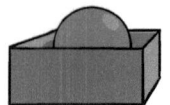

в

안에

перед

앞에

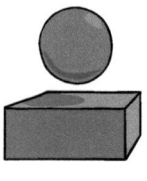

над

위에

на

위에

під

아래에

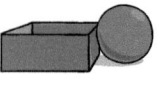

біля

옆에

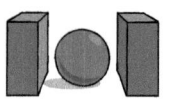

між

사이에

місце

장소